Enid Artursdottir

Umsatz-Steuer

Enid Artursdottir

Umsatz-Steuer

Sonder-Prüfung

Trainerverlag

Imprint
Any brand names and product names mentioned in this book are subject to trademark, brand or patent protection and are trademarks or registered trademarks of their respective holders. The use of brand names, product names, common names, trade names, product descriptions etc. even without a particular marking in this work is in no way to be construed to mean that such names may be regarded as unrestricted in respect of trademark and brand protection legislation and could thus be used by anyone.

Cover image: www.ingimage.com

Publisher:
Der Trainerverlag
is a trademark of
International Book Market Service Ltd., member of OmniScriptum Publishing Group
17 Meldrum Street, Beau Bassin 71504, Mauritius

Printed at: see last page
ISBN: 978-620-0-76772-1

Inhaltsverzeichnis:

I. Steuernummerzuteilung:

1. Schreiben des Finanzamts:[1]

Sehr geehrte Steuerzahlerin,

sehr geehrter Steuerzahler,

das Finanzamt hat Ihnen eine neue Steuernummer zugeteilt.

Sie gilt für:

- Einkommensteuer
- Umsatzsteuer
- Gewinnermittlung nach § 4 Abs. 3 EStG

Bezeichnung des Betriebes bzw. Art der Tätigkeit:

- PV-Anlage

Bitte geben Sie immer die Steuernummer an, wenn Sie sich an das Finanzamt wenden.

[1] 05.12.2019

Ihre Identifikationsnummer ändert sich hierdurch nicht.

Bei Anträgen, Erklärungen und Mitteilungen geben Sie bitte zusätzlich Ihre Identifikationsnummer zur o. g. Steuernummer an.

Ihre bisherige Steuernummer verwenden Sie bitte nicht mehr.

Sie erleichtern uns auch im Zahlungsverkehr die Arbeit, wenn Sie den Verwendungszweck für Ihre Zahlung genau angeben (Steuernummer, Steuerart und Zahlungszeitraum).

Die gespeicherte Bankverbindung wird in bisherigem Umfang für Erstattungen verwendet.

Sollte sich die Bankverbindung geändert haben, bitten wir Sie, uns schriftlich zu benachrichtigen.

Bei Teilnahme am SEPA-Lastschriftverfahren ist zusätzlich ein neues SEPA-Lastschriftmandat zu erteilen.

Wir danken für Ihr Verständnis.

Mit freundlichen Grüßen

Ihr Finanzamt

Datenschutzhinweise

Informationen über die Verarbeitung personenbezogener Daten in der Steuerverwaltung und über Ihre Rechte nach der Datenschutz-Grundverordnung sowie über Ihre Ansprechpartner in Datenschutzfragen entnehmen Sie bitte dem allgemeinen Informationsschreiben der Finanzverwaltung.

Dieses Informationsschreiben finden Sie unter www.amt-fuer-finanzen.de (unter der Rubrik „Datenschutz“) oder erhalten Sie bei Ihrem Finanzamt.

II. Anordnung:

1. Schreiben des Finanzamts:[2]

Anordnung einer Umsatzsteuer-Sonderprüfung

(§ 196 Abgabenordnung – AO)

Sehr geehrte Steuerzahlerin,

aufgrund des § 193 Abs. 1 AO ordne ich an, dass bei Ihnen eine Umsatzsteuer-Sonderprüfung vorgenommen wird.

Geprüft wird der Besteuerungszeitraum **Kalenderjahr 2018**.

Beschränkung des Umfangs der Prüfung nach § 194 Abs. 1 AO auf folgende Sachverhalte:

- Steuerfreie/Steuerpflichtige Umsätze
- Vorsteuerabzug

[2] 17.12.2019

Voraussichtlicher Beginn und Ort der Prüfung: am 09.01.2020 ca. 09:00 Uhr.

Die Prüfung findet in Ihrem Wohnsitz statt.

Als Prüfer sind Herr X. und Frau Y. vorgesehen.

Sollte aus dienstlichen Gründen ein/e andere/r Prüfer/in beauftragt oder der Prüfungsbeginn verlegt werden müssen, werde ich Ihnen dies mitteilen.

Hinsichtlich der Rechtsbehelfsbelehrung sowie Ihrer Rechte und Pflichten verweise ich auf die Rückseite dieses Schreibens und/oder die Anlage(n).

Mit freundlichen Grüßen

Im Auftrag

Sachbearbeiter

Datenschutzhinweise

Informationen über die Verarbeitung personenbezogener Daten in der Steuerverwaltung und über Ihre Rechte nach der Datenschutz-Grundverordnung sowie über Ihre Ansprechpartner in Datenschutzfragen entnehmen Sie bitte dem allgemeinen Informationsschreiben der Finanzverwaltung.

Dieses Informationsschreiben finden Sie unter www.amt-fuer-finanzen.de (unter der Rubrik „Datenschutz") oder erhalten Sie bei Ihrem Finanzamt.

Umsatzsteuer-Sonderprüfung

Anlage Unterlagen

Anlage zur Prüfungsanordnung vom 17.12.2019

Bitte halten Sie zu Beginn der Umsatzsteuer-Sonderprüfung insbesondere folgende Unterlagen bereit
(zutreffendes ist angekreuzt):

<u>Laufende Buchführung:</u>

- Sachkonten / Personenkonten
- Sachkonten bitte auf digitalem Datenträger (u.a. Gdpdu-Standard + XML-Schnittstelle)
- Für den betreffenden Prüfungszeitraum

<u>Belege, Bank und Kasse:</u>

- Bankauszüge
- Eingangs- und Ausgangsrechnungen
- Für den betreffenden Prüfungszeitraum

<u>Verträge:</u>

- Darlehnsvertrag
- Kauf-, Pacht-, Miet-, Leasingvertrag
- Für den betreffenden Prüfungszeitraum

Sonstige Unterlagen:

- Private Konten, soweit für die Besteuerung von Bedeutung
- Für den betreffenden Prüfungszeitraum

Rechtsbehelfsbelehrung

Sie können die Anordnung der Umsatzsteuer-Sonderprüfung mit dem Einspruch anfechten.

Der Einspruch ist bei dem umseitig bezeichneten Finanzamt schriftlich einzureichen, diesem elektronisch zu übermitteln oder dort zur Niederschrift zu erklären.

Die Frist für die Einlegung des Einspruchs beträgt einen Monat.

Sie beginnt mit Ablauf des Tags, an dem Ihnen die Prüfungsordnung bekanntgegeben worden ist.

Bei Zusendung durch einfachen Brief oder Zustellung mittels Einschreiben durch Übergabe gilt die Bekanntgabe mit dem dritten Tag nach Aufgabe zur Post als bewirkt, es sei denn, dass die Anordnung der Umsatzsteuer-Sonderprüfung zu einem späteren Zeitpunkt zugegangen ist.

Bei Zustellung mit Zustellungsurkunde oder durch Einschreiben mit Rückschein oder gegen Empfangsbekenntnis ist der Tag der Bekanntgabe der Tag der Zustellung.

Ihre wesentlichen Rechte und Mitwirkungspflichten

bei der Außenprüfung

Die Außenprüfung soll dazu beitragen, dass die Steuergesetze gerecht und gleichmäßig angewendet werden; deshalb ist auch zu Ihren Gunsten zu prüfen (§ 199 Abs. 1 Abgabenordnung – AO –).

Beginn der Außenprüfung

Wenn Sie wichtige Gründe gegen den vorgesehenen Zeitpunkt der Prüfung haben, können Sie beantragen, dass ihr Beginn hinausgeschoben wird (§ 197 Abs. 2 AO).

Wollen Sie wegen der Prüfungsanordnung Rückfragen stellen, wenden Sie sich bitte an die prüfende Stelle und geben Sie hierbei den Namen des Prüfers an.

Über den Prüfungsbeginn sollten Sie ggf. Ihren Steuerberater unterrichten.

Der Prüfer wird sich bei Erscheinen unter Vorlage seines Dienstausweises bei Ihnen vorstellen (§ 198 AO).

Die Außenprüfung beginnt grundsätzlich in dem Zeitpunkt, in dem der Prüfer nach Bekanntgabe der Prüfungsanordnung konkrete Ermittlungshandlungen vornimmt.

Bei einer Datenträgerüberlassung beginnt die Außenprüfung spätestens mit der Auswertung der Daten (AEAO zu § 198).

Ablauf der Außenprüfung

Haben Sie bitte Verständnis dafür, dass Sie für einen reibungslosen Ablauf der Prüfung zur Mitwirkung verpflichtet sind.

Aus diesem Grunde sollten Sie Ihren nachstehenden Mitwirkungsverpflichtungen unverzüglich nachkommen.

Sie können darüber hinaus auch sachkundige Auskunftspersonen benennen.

Stelen Sie dem Prüfer zur Durchführung der Außenprüfung bitte einen geeigneten Raum oder Arbeitsplatz sowie die erforderlichen Hilfsmittel unentgeltlich zur Verfügung (§ 200 Abs. 2 AO).

Legen Sie ihm bitte Ihre Aufzeichnungen, Bücher, Geschäftspapiere und die sonstigen Unterlagen vor, die er benötigt, erteilen Sie ihm die erbetenen Auskünfte, erläutern Sie ggb. die Aufzeichnungen und unterstützen Sie ihn beim Datenzugriff.

Werden die Unterlagen in Form der Widergabe auf einem Bildträger oder auf anderen Datenträgern aufbewahrt, kann der Prüfer verlangen, dass Sie auf Ihre Kosten diejenigen Hilfsmittel zur

Verfügung stellen, die zur Lesbarmachung erfoderlich sind, bzw. dass Sie auf Ihre Kosten die Unterlagen unverzüglich ganz oder teilweise ausdrucken oder ohne Hilfsmittel lesbare Reproduktionen beibringen (§ 147 Abs. 5 AO).

Sind Unterlagen und sonstige Aufzeichnungen mit Hilfe eines DV-Systems erstellt worden, hat der Prüfer das Recht, Einsicht in die gespeicherten Daten zu nehmen und das DV-System zur Prüfung dieser Unterlagen zu nutzen (unmittelbarer Datenzugriff).

Dazu kann er verlangen, dass Sie ihm die dafür erforderlichen Geräte und sonstigen Hilfsmittel zur Verfügung stellen.

Dies umfasst unter Umständen die Einweisung in das DV-System und die Bereitstellung von fachkundigem Personal zur Auswertung der Daten.

Auf Anforderung sind dem Prüfer die Daten auf maschinell auswertbaren Datenträgern zur Verfügung zu stellen (Datenträgerüberlassung) oder nach seinen Vorgaben maschinell auszuwerten (mittelbarer Datenzugriff); § 147 Abs. 6 AO.

Über alle Feststellungen von Bedeutung wird Sie der Prüfer während der Außenprüfung unterrichten, es sei denn, Zweck und Ablauf der Prüfung werden dadurch beeinträchtigt (§ 199 Abs. 2 AO).

Ergebnis der Außenprüfung

Wenn sich die Besteuerungsgrundlagen durch die Prüfung ändern, haben Sie das Recht auf eine Schlussbesprechung.

Sie erhalten dabei Gelegenheit, einzelne Prüfungsfeststellungen nochmals zusammenfassend zu erörtern (§ 201 AO).

Über das Ergebnis der Außenprüfung ergeht bei Änderung der Besteuerungsgrundlagen ein schriftlicher Prüfungsbericht, der Ihnen auf Antrag vor seiner Auswertung übersandt wird.

Zu diesem Bericht können Sie Stellung nehmen (§ 202 AO).

Rechtsbehelfe können Sie allerdings nicht gegen den Prüfungsbericht, sondern nur gegen die aufgrund der Außenprüfung ergehenden Steuerbescheide einlegen.

Wird bei Ihnen eine abgekürzte Außenprüfung (§ 203 AO) durchgeführt, findet keine Schlussbesprechung statt.

Die steuerlich erheblichen Prüfungsfeststellungen werden Ihnen in diesem Fall spätestens mit den Steuer-/Feststellungsbescheiden schriftlich mitgeteilt.

Ablauf der Außenprüfung beim Verdacht einer Steuerstraftat oder einer Steuerordnungswidrigkeit

Ergibt sich während der Außenprüfung der Verdacht einer Steuerstraftat oder einer Steuerordnungswidrigkeit gegen Sie, so dürfen hinsichtlich des Sachverhalts, auf den sich der Verdacht bezieht, die Ermittlungen bei Ihnen erst fortgesetzt werden, wenn Ihnen die Einleitung eines Steuerstraf- oder Bußgeldverfahrens mitgeteilt worden ist (vgl. § 397 AO).

Soweit die Prüfungsfeststellungen auch für Zwecke eines Steuerstraf- oder Bußgeldverfahrens verwendet werden können, darf Ihre Mitwirkung bei der Aufklärung der Sachverhalte nicht erzwungen werden (§ 393 Abs. 1 Satz 2 AO).

Wirken Sie bei der Aufklärung der Sachverhalte nicht mit (vgl. §§ 90, 93 Abs. 1, 200 Abs. 1 AO), können daraus allerdings im Besteuerungsverfahren für Sie nachteilige Folgerungen gezogen werden; ggf. sind die Besteuerungsgrundlagen zu schätzen, wenn eine zutreffende Ermittlung des Sachverhalts deswegen nicht möglich ist (§ 162 AO).

*)

Dies gilt nicht für vor dem 1. Januar 2002 archivierte Daten, wenn ein Datenzugriff des Prüfers / der Prüferin für Sie mit einem unverhältnismäßigen Aufwand verbunden wäre.

Die Lesbarmachung der Daten muss jedoch während der ganzen Aufbewahrungsfrist sichergestellt sein.

III. Rückfragen:

1. Schreiben an das Finanzamt:[3]

Sehr geehrter Herr Prüfer,

Ihr Schreiben vom 17.12.2019 wurde mir inzwischen postalisch zugestellt.

Im Anhang heißt es: "Wollen Sie wegen der Prüfungsanordnung Rückfragen stellen, wenden Sie sich bitte an die prüfende Stelle und geben Sie hierbei den Namen des Prüfers an."

In der Tat stellen sich mir Fragen insbesondere in Bezug auf die aufgeführten und zu Beginn der Umsatzsteuer-Sonderprüfung bereit zu haltenden Unterlagen.

Anbei die Auflistung meiner Fragen.

---

[3] 23.12.2019

I. zur sog. "Laufenden Buchführung":

a) was ist ein "Sachkonto" / was ist ein "Personenkonto"?
(ich habe ein Girokonto, ein sog,. "Sparkonto" und das Konto zu einer sog. "Mastercard", da sie auf meinen Namen laufen, sind es wohl eher "Personenkonten"?)

b) was bedeutet "Gdpdu-Standard" / was ist eine "XML-Schnittstelle"?

c) ist mit "digitalem Datenträger" beispielsweise ein USB-Stick gemeint?

d) wenn ich gar kein sog. "Sachkonto" habe (sondern nur "Personenkonten", die sich auf meine Person beziehen), benötige ich dementsprechend auch keinen digitalen Datenträger, somit auch keinen Gdpdu-Standard bzw. eine XML-Schnittstelle?

II. zu "Belege, Bank und Kasse":

a) sind mit "Bankauszügen" die Kontoauszüge gemeint? (diese kann ich Ihnen gerne - auch bereits zu Beginn der Umsatzsteuer-Sonderprüfung "für den betreffenden Prüfungszeitraum" - also für das Kalenderjahr 2018 - vorlegen)

b) beziehen sich die sog. "Eingangs- und Ausgangsrechnungen" auf besagte Bücher? (die Rechnungen für 2018 mitsamt den Beträgen über "Gutscheinsumme" und "Kaufpreis" liegen vollständig dem Finanzamt bzw. dem entsprechenden zuständigen Sachbearbeiter vor)

III. zu "Verträge":

a) und wenn ich gar keinen "Darlehensvertrag" habe?

b) und wenn ich gar keinen "Pacht-, Miet-, Leasingvertrag" habe?

c) bezieht sich der "Kaufvertrag" auf besagte Bücher? oder auf die aufgeführten Kristallschädel und Kristallgegenstände? (wie oben gilt: die Rechnungen für 2018 liegen vollständig dem Finanzamt bzw. dem entsprechenden zuständigen Sachbearbeiter vor)

IV. zu "Sonstige Unterlagen":

a) was ist mit "Private Konten" gemeint? (ich habe - wie oben bereits erwähnt - nur ein Girokonto, ein sog,. "Sparkonto" und das Konto zu einer sog. "Mastercard", jeweils auf meinen Namen laufend, alle Konten sind "privat")

Ich hoffe, noch vor Beginn der Prüfung ein (auch für nicht auf Finanzwesen spezialisierte Personen) verständliches Antwortschreiben zu erhalten, damit die Prüfung "reibungslos" erfolgen bzw. "ablaufen" kann.

P.S.: gegen 12 Uhr sollte ich mich auf den Weg zum Kindergarten machen, um meine jüngste Tochter noch rechtzeitig VOR der dortigen Mittagessens-Pause abholen zu können. Meinen Sie, die Zeit ist ausreichend?

Mit freundlichen Grüßen

Steuerzahlerin

Ihnen
- gerne auch nochmal auf diesem Weg –
ein besinnliches Weihnachtsfest
und einen guten "Rutsch"
ins Neue Jahr
...

V. Anfechtung:

1. Schreiben an das Finanzamt:[4]

Anfechtung der Anordnung einer Umsatzsteuer-Sonderprüfung vom 17.12.2019 mit dem Einspruch

Sehr geehrte Damen und Herren,

1)

Am 14.06.2019 verschickte ich meine Steuererklärung erfolgreich per ELSTER.

2)

Am 06.09.2019 bat mich Herr Finanzamtsangestellter vom Finanzamt zur Bearbeitung meiner Steuererklärung noch um folgende Unterlagen:

- Anlage U,
- Kostenaufstellung und entsprechende Nachweise für die Ausbildungskosten,

[4] 27.12.2019

- Nachweise für Werbungskosten zu steuerbeg. Versorgungsbezügen, dauernde Lasten, sowie Aufwendungen für Handwerkerleistungen.

- Außerdem erinnerte er mich ab die Abgabe der Umsatzsteuererklärung 2018 bis spätestens 04.10.2019.

3)

Ich ließ ihm sämtliche Kostenaufstellungen und Nachweise am 12.09.2019 zukommen und reichte die Umsatzsteuererklärung umgehend am 13.09.2019 ein.

4)

Am 09.10.2019 teilte mir Herr Finanzamtsangestellter telefonisch mit, er wolle meine "Unterlagen noch vor Ort behalten", da er davon "ausgehe", dass ich "Einspruch einlegen werde".

Am 24.10.2019 erreichte mich die Papierausfertigung des elektronischen Steuerbescheids postalisch.

5)

Gegen die Erläuterungen zur Festsetzung auf Seite 3 legte ich dann tatsächlich - wie von Herrn Finanzamtsangestelltem vorangekündigt - Einspruch ein:

- am 31.10.2019 gegen den dritten Abschnitt: Berufsausbildungskosten

- und am 02.11.2019 gegen den zweiten Abschnitt: Arbeitsmittel bzw. Werbungskosten.

6)

Mit Schreiben vom 26.11.2019 bat mich dann Herr Finanzamtsangestellter

  - um den umfangreichen Nachweis der Berufsausbildungskosten,

  - um Sachverhaltsaufklärung in Bezug auf die berufliche Veranlassung für die Aufwendungen zum Bücherkauf,

  - um den umfangreichen Nachweis hinsichtlich der Werbungskosten zu "steuerbegünstigten Versorgungsbezügen",

- zudem um entsprechende Nachweise, beispielsweise ISBN Nummern der Bücher und eine Stellungnahme.

Sein Schreiben erreichte mich am 29.11.2019 auf postalischem Wege.

7)

Noch am selbigen Tag nahm ich dazu wie aufgefordert Stellung:

  - zu den Ausbildungskosten,
  - zu den dauernden Lasten,
  - zu den Werbungskosten.

- Außerdem machte ich mir am selbigen Abend noch die Mühe, um sämtliche ISBN Nummern der im Kalenderjahr 2018 veröffentlichten Bücher ausfindig zu machen und nach Verlag und Namen sortiert aufzulisten.

8)

Am 17.12.2019 ordnete Herr Finanzamtsangestellter eine Umsatzsteuer-Sonderprüfung in meinem Wohnhaus durch Herrn Prüfer und Frau Prüferin an.

Geprüft werden sollen dabei jedoch hauptsächlich Unterlagen, die sich für den betreffenden Prüfungszeitraum (Kalenderjahr 2018) bei dem Herrn Finanzamtsangestellten im Finanzamt befinden.

Dies betrifft sowohl

a) die sog. Kaufverträge der benannten Bücher

b) als auch die Kaufverträge sämtlicher aufgelisteter Kristallschädel

c) und Kristallgegenstände aus dem Kalenderjahr 2018,

d) als auch die sog. Eingangs- und Ausgangsrechnungen in Bezug auf die gekauften Bücher (Gutscheincodes und Originalkaufpreise).

Dem Finanzamt liegen daher sämtliche zur Prüfung notwendigen Unterlagen bereits seit dem 14.06.2019, dem 12. und 13.09.2019 bzw. seit dem 29.11.2019 vor.

9)

Daher möchte ich hiermit die Anordnung der Umsatzsteuer-Sonderprüfung vom 17.12.2019 mit dem Einspruch anfechten.

Mit freundlichen Grüßen

Steuerzahlerin

2. <u>Schreiben an das Finanzamt:</u>[5]

Sehr geehrte Damen und Herren,

ich habe mir die Mühe gemacht, den Verlagsvertrag mit Stand vom 24.05.2018 ausfindig zu machen und sende Ihnen anbei betreffende Klausel bezüglich der Honorarvereinbarung.

Hiermit bekunde ich wahrheitsgemäß, bislang noch niemals eine Bar-Auszahlung durch den Verlag erhalten zu haben, sondern lediglich sog. "Buch-Gutscheine" für den "Online-Shop", um innerhalb einer Frist von 12 Monaten Veröffentlichungen des entsprechenden Verlages zu kaufen, bevor die Buch-Gutscheine als ungültig verfallen.

In den folgenden beiden E-Mails sende ich Ihnen jeweils die sog. "Abrechnungen", einmal des ersten Verlages und einmal des zweiten Verlages.

Mit freundlichen Grüßen

Steuerzahlerin

---

[5] 27.12.2019

Verlagsvertrag

Stand 24.05.2018

Der Vertrag verpflichtet sich:

- dem Autor Honorare in Höhe von 12% vom Nettoverkaufserlös des Werkes und in Höhe von 30% von Lizenzeinnahmen, die sich aus der Nutzung des Werkes durch Dritte ergeben, erst dann auszuzahlen, wenn sich der Anspruch nach dem Werk in einem Abrechnungszeitraum auf mehr als durchschnittlich 50,- EUR im Monat beläuft.

  Wenn der durchschnittliche Anspruch weniger als 50,- EUR pro Monat beträgt, wird der Autor einen Buch-Gutschein für den entsprechenden Betrag erhalten, der im Laufe der nächsten 12 Monate im Verlag zugehörigen Online-Shop eingelöst werden kann, um Veröffentlichungen der Verlagsgruppe zu kaufen.

- die Vergütung ausschließlich dem Autor zu zahlen, mit dem dieser Vertrag abgeschlossen wurde,

- die zu zahlenden Abrechnungsbeträge alle 12 Monate ab dem Tag der Veröffentlichung zu berechnen und die Zahlung innerhalb von 3 Monaten ab dem Berechnungstag zu leisten.

3. Schreiben an das Finanzamt:[6]

Abrechnung erster Verlag

Ihre Abrechnung

- Abrechnung für den Zeitraum von 10/2018 bis 09/2019 (31.10.2019)
- Abrechnung für den Zeitraum von 08/2018 bis 07/2019 (31.08.2019)
- Abrechnung für den Zeitraum von 07/2018 bis 06/2019 (31.07.2019)
- Abrechnung für den Zeitraum von 06/2018 bis 05/2019 (30.06.2019)
- Abrechnung für den Zeitraum von 05/2018 bis 04/2019 (31.05.2019)
- Abrechnung für den Zeitraum von 04/2018 bis 03/2019 (30.04.2019)
- Abrechnung für den Zeitraum von 03/2018 bis 02/2019 (31.03.2019)

[6] 27.12.2019

4. Schreiben an das Finanzamt:[7]

Abrechnung erster Verlag

Ihre Abrechnung

- Abrechnung für den Zeitraum von 09/2018 bis 08/2019 (30.09.2019)
- Abrechnung für den Zeitraum von 08/2018 bis 07/2019 (31.08.2019)
- Abrechnung für den Zeitraum von 07/2018 bis 06/2019 (31.07.2019)
- Abrechnung für den Zeitraum von 06/2018 bis 05/2019 (30.06.2019)
- Abrechnung für den Zeitraum von 04/2018 bis 03/2019 (30.04.2019)
- Abrechnung für den Zeitraum von 03/2018 bis 02/2019 (31.03.2019)

[7] 27.12.2019

- Abrechnung für den Zeitraum von 01/2018 bis 12/2018 (31.01.2019)

- Abrechnung für den Zeitraum von 09/2017 bis 08/2018 (30.09.2018)

- Abrechnung für den Zeitraum von 08/2017 bis 07/2018 (31.08.2018)

5. Schreiben an den Buchverlag:[8]

Sehr geehrte Frau Editorin,

wäre es Ihnen möglich, mir für das Finanzamt zu bescheinigen, dass ich bislang noch nie eine Honorar-Auszahlung bekommen habe, sondern stattdessen Buch-Gutscheine für den Online-Shop des Verlages?

Mit freundlichen Grüßen

Steuerzahlerin

[8] 27.12.2019

6. <u>Schreiben an das Finanzamt:</u>[9]

Sehr geehrte Damen und Herren.

Laut Ihrer Anordnung einer Umsatzsteuer-Sonderprüfung wollen Sie Vorort folgende Sachverhalte prüfen:

- Steuerfreie/Steuerpflichtige Umsätze
- Vorsteuerabzug

Dazu wollen Sie folgende Unterlagen einsehen:

1. Laufende Buchführung
2. Belege, Bank und Kasse
3. Verträge (Kauf-, Pacht-, Miet-, Leasingvertrag)
4. Sonstige Unterlagen (Private Konten)

Zu 1:

Eine Buchführung gibt es bei mir nicht.

Zu 2:

sämtliche Belege sind in Ihrem Haus, können also bei mir nicht eingesehen werden.

Zu 3:

Darlehens-, Pacht-, Miet-, Kauf-, Leasingverträge gibt es bei mir nicht.

---

[9] 31.12.2019

Den Kaufvertrag meiner Photovoltaik-Anlage musste ich Ihnen bei der Inbetriebnahme 2016 vorlegen, dieser ist in Ihrem Hause vorhanden.

Zu 4:
sämtliche Belege sind in Ihrem Hause.

Sie erkennen, dass eine Umsatzsteuerprüfung in meinem Hause absolut sinnlos wäre.

Deshalb habe ich mit Schreiben vom 27.12.2019 widersprochen.

Ich bitte Sie, die Absage des anberaumten Termins kurzfristig zu bestätigen, da ich hier anderweitig verpflichtet bin.

Bitte teilen Sie mir mit, wenn Sie dennoch irgendwelche überlassene Unterlagen in Ihrer Behörde nicht mehr auffinden können.

Ich hoffe auf Ihre baldige Nachricht.

Mit freundlichen Grüßen

Steuerzahlerin

P.S.:
Im Anhang finden Sie
a) Fotos von den Solarmodulen der Photovoltaik-Anlage (Anhänge I-III)
b) Fotos vom Adapter bzw. Controler der PV-Anlage (Anhänge IV+V)
c) Abrechnungen vom Stromanbieter (Anhänge VI-IX).

VI. Telefonat:

1. Telefonische Nachricht des Prüfers auf dem Anrufbeantworter:[10]

- Bestätigung des Eingangs der ca. 10 Emails mit Anhang
- Belehrung: Einspruch habe keine aufschiebende Wirkung
- er würde jedoch bei Einspruch nicht ohne weiteres die Prüfung durchführen
- es erfolge allerdings keine Auszahlung / Erstattung des Betrages ohne eine Prüfung
- diesen Sachverhalt und das weitere Prozedere gelte es nun kurzfristig zu besprechen
- mit Bitte um Rückruf am darauf folgenden Werktag ab 8 Uhr unter angegebener Rufnummer

[10] 06.01.2020

2. <u>Rückrufversuch und Telefonat mit dem Prüfer:</u>[11]

- eine derartige "Flut an Mails" habe er in seinen 25 Jahren als Umsatzsteuersonderprüfer noch nicht erlebt

- er sei nun bereits im 43. Jahr im Finanzamt tätig und einen solchen "Wirbel" habe es bisher noch nicht gegeben

- im Haus sei er der Dienstälteste / Prüfer, im ganzen Bundesland sei er unter den "Top 3" der Prüfer

- er habe über seinen Dienst hinaus auch noch viele soziale Funktionen inne - ein Gespräch würden wir ohne Frage "bestimmt hinkriegen"

- es gehe primär darum "ein Gespräch" zu führen - eine Prüfung würde allerdings "auch stattfinden" – über das Ergebnis würde ich informiert werden

- anschließend bekäme ich noch die Möglichkeit, dazu Stellung zu beziehen

- er sei jedoch "kein männliches Schreckgespenst" – daher käme auch die junge Kollegin mit damit er nicht als Mann alleine zu einer Frau zu Besuch käme

[11] 06.01.2020

- er habe vom Innendienst den Auftrag erhalten eine Prüfung durchzuführen – ohne die Prüfung bestehe auch keine Möglichkeit auf Auszahlung irgendeines Betrages

- es gäbe auch kein Recht gegen eine Prüfung Widerspruch einzulegen (an dieser Stelle versuchte ich ihm zu widersprechen - doch er redete einfach weiter)

- (im Anhang seines dicken Briefes ist ausdrücklich davon die Rede dass die Anordnung der Prüfung mit einem Widerspruch angefochten werden kann und darf!)

- wenn ich um 12 Uhr losfahren müsse um meine Tochter aus dem Kindergarten abzuholen dann wäre dies nicht anders möglich denn "Menschen haben Vorrang"

- er könne schließlich nicht das Kind aus dem Kindergarten abholen - er habe dies außerdem jahrelang getan und habe derzeit keine Kinder die er aus der Kita abhole

- ich hätte Fotos von der PV-Anlage beigefügt - die Existenz der PV-Anlage würde er nicht anzweifeln - immerhin könne er dies auf Google-Earth selbst überprüfen und sehen

- er wolle wissen ob ich über den Controler hinaus auch noch einen "Akku" habe - dies verneine ich und erläutere ihm die monatlichen Vorauszahlungen in den Jahren 2016 und 2017

- er erläutert mir dass er sich auskenne mit dem Status "junger Unternehmer" die nur in den ersten beiden Jahren monatlich vorauszahlen und danach nur noch jährlich zu zahlen hätten

- außerdem weist er mich darauf hin dass ich auch den Strom den ich selbst von der Solaranlage beziehen würde umsatzsteuerlich anzugeben und geltend zu machen hätte

- darüber hinaus weist er darauf hin dass ich bislang alle Rechnungen "treu und brav bezahlt" hätte auch wenn darauf keine Steuernummer oder Ident-Nr. angegeben war

- dann bemerkt er noch dass das Gespräch vermutlich schon vor der Kindergartenabholung beendet sein würde "time is money" er koste das Finanzamt täglich "Betrag x"

- demnach wird das „Gespräch“ bzw. die Umsatzsteuer-Sonderprüfung wohl trotz Anfechtung durch Widerspruch zum angekündigten Zeitpunkt stattfinden

3. <u>Telefonat mit dem Prüfer:</u>[12]

- Terminverschiebung der Umsatzsteuer-Sonderprüfung um eine Woche
- Verlegung des Termins auf den Mittwoch der folgenden Kalenderwoche
- Umsatzsteuer-Sonderprüfung am 15.01.2020, um 9:15 Uhr.

[12] 07.01.2020

VII. **Sonderprüfung:**

1. Niederschrift des Prüfers:[13]

Anwesend:

- Steuerzahlerin
- Prüferin in Ausbildung
- Umsatzsteuersonderprüfer

Bezüglich des erhobenen Einspruchs der Steuerzahlerin gegen den Einkommenssteuer-Bescheid 2018 und der beantragten Vorsteuer 2018 ergeht folgende Vereinbarung / Entscheidung seitens der Umsatzsteuer-Sonderprüfung:

1. Die nachstehenden Kosten werden – vorbehaltlich der Zustimmung des zuständigen Veranlagungsbezirks – als Ausbildungskosten in einem nicht ausgeübten Beruf (§ 10117 EstG) anerkannt (Summe).

2. Die weiteren Ausgaben werden einvernehmlich vorerst der Vermögensebene 1 (Liebhaberei) zugerechnet. Auf den Vorsteuerabzug wird in 2018 verzichtet.

[13] 15.01.2020

3. Eine Ortsbesichtigung des Arbeitszimmers ergab, dass sich dort ein Schreibtisch, Schreibtischstuhl, PC und Bücherregale befinden. Der Raum wurde im Jahr 2018 auch genutzt für schriftstellerische Tätigkeiten. Einer grundsätzlichen Abzugsfähigkeit der Kosten als Werbungskosten / vorweggenommenen Werbungssteuer stehen seitens der Umsatzsteuerprüfung keine Bedenken entgegen.

4. Die Steuerzahlerin nimmt zur Kenntnis, dass die Kosten für die eigenen Bücher steuerlich nicht abzugsfähig sind, mit Ausnahme folgender Thematik (Summe Werbungskosten).

5. Die Wertabgabe, unentgeltliche Stromverwendung eigene Geräte, ist entsprechend dem BMT-Schreiben vom 19.09.2014 S7124/12/1001-02 mit Euro 60,- / Steuersatz 19% 11,40 Euro zu erfassen.

Gefertigt: Umsatzsteuersonderprüfer

Unterzeichnet:

- Umsatzsteuersonderprüfer
- Prüferin in Ausbildung
- Steuerzahlerin

Hinweis zu 4.: Entsprechende Buchausgaben in 2019 sind unter den genannten Rubriken grundsätzlich steuerlich als Werbungskosten abzugsfähig.

VIII. Bericht:

1. Bericht des Finanzamts:[14]

Finanzamt

Steuer-Nr.

Auftragsbuch-Nr.

Bericht

vom 29.01.2020

über die auf Prüfungsanordnung

des Finanzamtes vom 17.12.2019

vorgenommene Umsatzsteuer-Sonderprüfung bei

Steuerzahlerin

Prüfer

Prüfungsort

Prüfungsbeginn

Prüfungszeitraum

Prüfungsumfang

[14] 29.01.2020

Der Unternehmer wird/wurde darauf hingewiesen, dass im Rahmen der Umsatzsteuer-Sonderprüfung geprüfte Sachverhalte bei einer späteren Prüfung für das betreffende Kalenderjahr oder den kürzeren Besteuerungszeitraum (§ 16 Abs. 3 und 4 UStG) in vollem Umfang erneut geprüft werden können, wenn Voranmeldungszeiträume (§ 18 Abs. 2 Satz 1 und 2 UStG) oder Steuerfestsetzungen für das betreffende Kalenderjahr oder den kürzeren Besteuerungszeitraum mit beschränktem Prüfungsumfang geprüft wurden.

Die umsatzsteuerliche und ertragssteuerliche Erfassung der Ergebnisse der Umsatzsteuer-Sonderprüfung in sachlicher Hinsicht ist dadurch sicherzustellen, dass neben der Zahllast auch die geänderten Besteuerungsgrundlagen in der laufenden Buchführung auf den entsprechenden Konten gebucht werden.

Abkürzungen

Art. = Artikel

Abs. = Absatz

AO = Angabenordnung

BFH = Bundesfinanzhof

BMF = Bundesministerium der Finanzen

BMG = Bemessungsgrundlage

BRZ = Berichtigungszeitraum

BStBl = Bundessteuerblatt

BZR = Besteuerungszeitraum

BZSt = Bundeszentralamt für Steuern

DBA = Doppelbesteuerungsabkommen

EFG = Entscheidungen der Finanzgerichte

EStDV = Einkommensteuer-Durchführungsverordnung

EStG = Einkommensteuergesetz

EStR = Einkommensteuer-Richtlinien

EU = Europäische Union

EuGH = Europäischer Gerichtshof

EUSt = Einfuhrumsatzsteuer

FA = Finanzamt

FG = Finanzgericht

GiG = Gewinnveräußerung im Ganzen

GuV = Gewinn- und Verlustrechnung

ig = innergemeinschaftlich

Kj = Kalenderjahr

KStDV = Körperschaftsteuer-Durchführungsverordnung

KStG = Körperschaftsteuergesetz

KStR = Körperschaftsteuer-Richtlinien

MwSt. = Mehrwertsteuer

MwStSystRL = Mehrwertsteuer-Systemrichtlinie

Nr. = Nummer

Pz. = Prüfungszeitraum

s.L. = sonstige Leistung(en)

stbar = steuerbar

stfr. = steuerfrei

StNr. = Steuernummer

stpfl. = steuerpflichtig

Stpfl. = Steuerpflichtiger

Tz./Tzn. = Textziffer/n

UN = Unternehmen

UNr = Unternehmer

USt = Umsatzsteuer

UStDV = Umsatzsteuer-Durchführungsverordnung

UStG = Umsatzsteuergesetz

USt-IdNr. = Umsatzsteuer-Identifikationsnummer

UStAE-Umsatzsteuer-Anwendungserlass

USt-JE = Umsatzsteuer-Jahreserklärung

USt-Sop = Umsatzsteuer-Sonderprüfung

USt-Sopr = Umsatzsteuer-Sonderprüfer

USt-VA = Umsatzsteuer-Voranmeldung

VAZ = Voranmeldungszeitraum

VoSt = Vorsteuer

Vz. = Veranlagungszeitraum

Wj = Wirtschaftsjahr

ZM = Zusammenfassende Meldung

Inhaltsübersicht

I. Allgemeine Angaben

1. Rechtsform des Unternehmens: Einzelunternehmerin
2. Sitz des Unternehmens: Sitz
3. Zweigniederlassung/en -.-
4. Organgesellschaft/en -.-
5. Gegenstand des Unternehmens: PV Anlage
6. Auskunft haben erteilt: Steuerzahlerin
7. Art der Buchführung: Kostenaufstellung
   Vorgelegte Unterlagen, Aufzeichnungen: Abrechnung PV-Anlage 2018, Eingangsrechnungen 2018
8. Besteuerungsart: Istversteuerung;
9. Steuerliche/r Berater/in:

10. Letzte USt-Sonderprüfung für den Zeitraum: vom bis
Letzte Betriebsprüfung für den Zeitraum: vom bis

11. Eine Schlussbesprechung hat stattgefunden am: 15.01.2020
Teilnehmer: Steuerzahlerin, Lebensgefährte, beauftragte USt-Prüfer
Ergebnis: Es wurde Einigung erzielt.

12. Der Unternehmer hat nicht beantragt, ihm den Umsatzsteuer-Sonderprüfungsbericht vor der Auswertung zu übersenden.

II. Prüfungsfeststellungen

A. Allgemeines

Der Einspruch vom 31.10.2019 gegen den Einkommensteuerbescheid 2018 vom 23.10.2019 richtete sich u.a. gegen die Nichtanerkennung von Arbeitszimmerausgaben als Werbungskosten und die Nichtberücksichtigung von Lehrgangskosten als Sonderausgaben im Sinne des § 10 (1) Nr. 7 EStG.

Gleichzeitig wurde die Berücksichtigung von Vorsteuern i.H.v. € aus der Anschaffung beantragt (Änderungsantrag i.S. des § 164 (2) AO).

In der Besprechung vom 15.01.2020 wurde Einvernehmen mit der Steuerzahlerin erzielt.

Eine Kopie der Niederschrift vom 15.01.2020 ist als Berichtsanlage beigefügt.

B. Umsatz

Die Wertabgabe – unentgeltliche Stromverwendung des mit der PV-Anlage erzeugten Stroms für eigene E-Geräte – wird entsprechend dem BMF-Schreiben vom 19.09.2014, Aktenzeichen S 7124/12/1001-02, mit 60 €, Steuersatz 19 %, als Umsatz erfasst. Umsatz 2018, USt-Satz 19 % + 60 €

C. Vorsteuer

Bei den in der Niederschrift aufgeführten Lehrgangskosten – Gesamtbetrag € - handelt es sich – nach Absprache mit dem Veranlagungsteilbezirk – um Ausbildungskosten in einem nicht ausgeübten Beruf. Aufgrund dieser Lehrgänge, Schulungen ist die Steuerzahlerin befähigt eine Tätigkeit auszuüben.

Die Steuerzahlerin hat im Kj. 2016 wegen der PV-Anlage zur Regelversteuerung optiert.

Entsprechende Umsätze aus der Tätigkeit wären umsatzsteuerpflichtig.

Die Eingangsrechnungen berechtigten die Steuerzahlerin zum Vorsteuerabzug, weil die entsprechenden Ausgangsumsätze umsatzsteuerpflichtig wären und daher zum Vorsteuerabzug bei Leistungsbezug berechtigten.

Bruttoaufwendungen = €, abzüglich Lehrgangskosten von € (Kleinunternehmerin i.S. des § 19 UStG) = brutto €.

Hierin enthaltene USt = zu berücksichtigende Vorsteuer 2018 = €.

D. Weitere Ertragsteuerliche Ergebnisse (§§ 88 ff. AO)

1. Eine Ortsbesichtigung des Arbeitszimmers im Dachgeschoss ergab, dass sich dort ein Schreibtisch, Schreibtischstuhl, PC und Bücherregale befinden.
   Der Raum wurde im VZ 2018 auch genutzt für schriftstellerische Tätigkeiten – Abhandlungen.
   Einer grundsätzlichen Abzugsfähigkeit der anteiligen Hauskosten (Strom, Wasser, Heizung, Grundsteuer, Versicherung ...) als Werbungskosten stehen seitens der UStSopr. Für das Kj. 2018 keine Bedenken entgegen.
2. Buchausgaben in Höhe von € können wegen des beruflichen Bezugs als Werbungskosten 2018 (§§ 9, 19 EStG) berücksichtigt werden.

Im Übrigen wird zur Vermeidung von Wiederholungen auf die Ausführungen in der beigefügten Niederschrift verwiesen.

(UStSoP-Sachgebietsleiter) (Prüfer)

Anlage:

Niederschrift

Anwesend:

- Steuerzahlerin
- Prüferin in Ausbildung
- Umsatzsteuersonderprüfer

Bezüglich des erhobenen Einspruchs der Steuerzahlerin gegen den Einkommenssteuer-Bescheid 2018 und der beantragten Vorsteuer 2018 ergeht folgende Vereinbarung / Entscheidung seitens der Umsatzsteuer-Sonderprüfung:

1. Die nachstehenden Kosten werden – vorbehaltlich der Zustimmung des zuständigen Veranlagungsbezirks – als Ausbildungskosten in einem nicht ausgeübten Beruf (§ 10117 EstG) anerkannt (Summe).

2. Die weiteren Ausgaben werden einvernehmlich vorerst der Vermögensebene 1 (Liebhaberei) zugerechnet. Auf den Vorsteuerabzug wird in 2018 verzichtet.

3. Eine Ortsbesichtigung des Arbeitszimmers ergab, dass sich dort ein Schreibtisch, Schreibtischstuhl, PC und

Bücherregale befinden. Der Raum wurde im Jahr 2018 auch genutzt für schriftstellerische Tätigkeiten. Einer grundsätzlichen Abzugsfähigkeit der Kosten als Werbungskosten / vorweggenommenen Werbungssteuer stehen seitens der Umsatzsteuerprüfung keine Bedenken entgegen.

4. Die Steuerzahlerin nimmt zur Kenntnis, dass die Kosten für die eigenen Bücher steuerlich nicht abzugsfähig sind, mit Ausnahme folgender Thematik (Summe Werbungskosten).

5. Die Wertabgabe, unentgeltliche Stromverwendung eigene Geräte, ist entsprechend dem BMT-Schreiben vom 19.09.2014 S7124/12/1001-02 mit Euro 60,- / Steuersatz 19% 11,40 Euro zu erfassen.

Gefertigt: Umsatzsteuersonderprüfer

Unterzeichnet:

- Umsatzsteuersonderprüfer
- Prüferin in Ausbildung
- Steuerzahlerin

Hinweis zu 4.: Entsprechende Buchausgaben in 2019 sind unter den genannten Rubriken grundsätzlich steuerlich als Werbungskosten abzugsfähig.

III. Zusammenstellung der Prüfungsfeststellungen

Finanzamt

Fall (ABNr, StNr)

Textziffer

KZ

Kalenderjahr

vor USt-Sop

Feststellung

nach USt-Sop

In Euro

1. **Umsätze zum allgemeinen Steuersatz**

   Lieferungen und sonstige Leistungen zu 19 v.H.

   Unentgeltliche Wertabgaben

   a) Lieferungen nach § 3 Abs. 1b UStG zu 19 v.H.

   b) Sonstige Leistungen nach § 3 Abs. 9a UStG zu 19 v.H.

   Umsätze zum ermäßigten Steuersatz

   Lieferungen und sonstige Leistungen zu 19 v.H.

   Unentgeltliche Wertabgaben

c) Lieferungen nach § 3 Abs. 1b UStG zu 19 v.H.

Sonstige Leistungen nach § 3 Abs. 9a UStG zu 19 v.H.

Umsätze zu anderen Steuersätzen

Umsätze land- u. forswirtschaftlicher Betriebe nach § 24 UStG

Lieferungen in das übrige Gemeinschaftsgebiet an Abnehmer mit USt-IdNr.

Steuerpflichtige Lieferungen (einschließlich unentgeltlicher Wertabgaben) von **Sägewerkserzeugnissen**, die in der Anlage 2 zum UStG nicht ausgeführt sind.

Steuerpflichte Umsätze (einschließlich unentgeltlicher Wertabgaben) von **Getränken**, die in der Anlage 2 zum UStG nicht ausgeführt sind, sowie von alkoholischen Flüssigkeiten (z.B. Wein) zu 8,3 v.H.

Umsätze zu anderen Steuersätzen

Übrige steuerpflichtige Umsätze land- und forstwirtschaftlicher Betriebe, für die keine Steuer zu entrichten ist.

Betrag der Anzahlungen für die die anzurechnende Steuer in Kz. 317 angegeben worden ist.

2. Berechnung der Umsatzsteuer

Steuerbetrag zu 19 %

Steuerbetrag zu 7 %

Steuerbetrag – Umsätze zu anderen Steuersätzen (zu Kz. 155)

Steuerbetrag – Umsätze Sägewerkserzeugnisse (zu Kz. 255)

Steuerbetrag – Umsätze zu anderen Steuersätzen (zu Kz. 257)

Nachsteuer auf versteuerte Anzahlungen u.ä. wegen Steuersatzänderung

Steuerbetrag – Umsätze zu Kennziffer 344

Umsatzsteuer die dem Abzugsverfahren unterliegt

Steuer infolge Wechsel der Besteuerungsform

Nachsteuer/Anrechung der Steuer, die auf bereits versteuerte Anzahlungen entfällt (im Falle der Anrechnung auch Kz. 367 ausfüllen).

Summe I

3. Berechnung der abziehbaren Vorsteuer- und Kürzungsbeträge

Vorsteuerbeträge nach § 15 Abs. 1 Satz 1 Nr. 1 UStG

Vorsteuerbeträge nach § 15 Abs. 1 Satz 1 Nr. 3 UStG (ig Erwerb)

Entrichtete Einfuhrumsatzsteuer (§ 15 Abs. 1 Satz 1 Nr. 2 UStG)

Vorsteuerabzug für die Steuer, die der Abnehmer als Auslagerer nach § 13a Abs. 1 Nr. 6 UStG schuldet (§ 15 Abs. 1 Satz 1 Nr. 5 UStG).

Vorsteuerbeträge aus Leistungen i.S.d. § 13b UStG (§ 15 Abs. 1 Satz 1 Nr. 4 UStG)

Vorsteuerbeträge nach allgemeinen Durchschnittssätzen (§ 23 UStG)

Vorsteuerbeträge nach Durchschnittssatz (§ 23 UStG)

Vorsteuerabzug für ig Lieferungen **neuer Fahrzeuge** außerhalb eines Unternehmens sowie von Kleinunternehmen im Sinne des § 19 Abs. 1 UStG (§ 15 Abs. 4a UStG).

Vorsteuerbeträge aus innergemeinschaftlichen Dreiecksgeschäften (§ 25b Abs. 5 UStG)

Berichtigung Vorsteuerabzug (§ 15a UStG) nachträglich abziehbar

Berichtigung Vorsteuerabzug (§ 15a UStG) zurückzuzahlen

Summe II

4. Berechnung der zu entrichtenden Umsatzsteuer

Umsatzsteuer

Vorsteuer- und Kürzungsbeträge

Verbleibender Betrag

Unrichtig oder unberechtigt ausgewiesene Steuerbeträge (§ 14c UStG) sowie Steuerbeträge die nach § 6a Abs. 4 Satz 2 UStG geschuldet werden.

Steuerbeträge, die nach § 17 Abs. 1 S. 6 UStG geschuldet werden

Steuer-, Vorsteuer- und Kürzungsbeträge, die auf frühere Besteuerungszeiträume entfallen (nur für Kleinunternehmer, die § 19 Abs. 1 UStG anwenden).

Umsatzsteuer auf ig Erwerbe
Umsatzsteuer aus ig Dreiecksgeschäften
Umsatzsteuer nach § 13b UStG
Umsatzsteuer nach § 13a Abs. 1 Nr. 6 UStG

Anrechnungen der bei Beförderungseinzelbesteuerung entrichteten Umsatzsteuer (§ 18 Abs. 5b Satz 2 UStG)

Verbleibende Umsatzsteuer

Vorauszahlungssoll (einschließlich Sondervorauszahlung)

Umsatzsteuerschuld in Euro

IX. Steuernummeränderung

1. Schreiben des Finanzamts:[15]

Sehr geehrte Steuerzahlerin,

sehr geehrter Steuerzahler,

das Finanzamt hat Ihnen eine neue Steuernummer zugeteilt.

Sie gilt für:

- Einkommensteuer
- Umsatzsteuer
- Gewinnermittlung nach § 4 Abs. 3 EStG

Bezeichnung des Betriebes bzw. Art der Tätigkeit:

- PV-Anlage

Bitte geben Sie immer die Steuernummer an, wenn Sie sich an das Finanzamt wenden.

[15] 18.02.2020

Ihre Identifikationsnummer ändert sich hierdurch nicht.

Bei Anträgen, Erklärungen und Mitteilungen geben Sie bitte zusätzlich Ihre Identifikationsnummer zur o. g. Steuernummer an.

Ihre bisherige Steuernummer verwenden Sie bitte nicht mehr.

Sie erleichtern uns auch im Zahlungsverkehr die Arbeit, wenn Sie den Verwendungszweck für Ihre Zahlung genau angeben (Steuernummer, Steuerart und Zahlungszeitraum).

Die gespeicherte Bankverbindung wird in bisherigem Umfang für Erstattungen verwendet.

Sollte sich die Bankverbindung geändert haben, bitten wir Sie, uns schriftlich zu benachrichtigen.

Bei Teilnahme am SEPA-Lastschriftverfahren ist zusätzlich ein neues SEPA-Lastschriftmandat zu erteilen.

Wir danken für Ihr Verständnis.

Mit freundlichen Grüßen

Ihr Finanzamt

Datenschutzhinweise

Informationen über die Verarbeitung personenbezogener Daten in der Steuerverwaltung und über Ihre Rechte nach der Datenschutz-Grundverordnung sowie über Ihre Ansprechpartner in Datenschutzfragen entnehmen Sie bitte dem allgemeinen Informationsschreiben der Finanzverwaltung.

Dieses Informationsschreiben finden Sie unter www.amt-fuer-finanzen.de (unter der Rubrik „Datenschutz") oder erhalten Sie bei Ihrem Finanzamt.

2. Schreiben an das Finanzamt:[16]

Sehr geehrter Herr Sachbearbeiter,

nach Prüfungsanordnung vom 17.12.2019 fand am 15.01.2020 in meinem Haus eine sog. Umsatzsteuer-Sonderprüfung statt.

Der Bericht vom 29.01.2020 mit Zusammenstellung der Prüfungsfeststellungen wurde mir am 05.02.2020 postalisch zugestellt.

Hiermit bitte ich nun darum, mir den entsprechend abgeänderten Einkommenssteuerbescheid 2018 zeitnah zukommen zu lassen.

Mit freundlichen Grüßen

Steuerzahlerin

[16] 28.03.2020

X. Belegrückgabe:

1. Schreiben des Finanzamts:[17]

Ihre Steuererklärung 2018

Rückgabe von Belegen

Anlagen: Ihre Belege

Sehr geehrte Steuerzahlerin,

nach Bearbeitung Ihrer Steuererklärung erhalten Sie hiermit die von Ihnen eingereichten Belege zurück. Der Steuerbescheid geht Ihnen gesondert zu.

Das Besteuerungsverfahren soll noch effizienter und serviceorientierter werden. Dazu gehört, dass der Steuerbürger grundsätzlich keine Belege mehr zusammen mit der Steuererklärung an das Finanzamt senden muss.

[17] 27.03.2020

Werden zur Prüfung Ihrer Steuererklärung noch Belege benötigt, fordert das Finanzamt diese bei Ihnen gesondert an. Sie werden daher gebeten, Belege im eigenen Interesse mindestens bis zum Abschluss des Besteuerungsverfahrens aufzubewahren.

Beachten Sie bitte hierzu die Hinweise auf der Rückseite dieses Schreibens.

Mit freundlichen Grüßen

Ihr Finanzamt

Hinweise

Belegaufbewahrung

Bitte bewahren Sie die Belege bis zum Ablauf der Einspruchsfrist und nach Einlegung eines Einspruchs oder einer Klage bis zum endgültigen Abschluss des Rechtsbehelfsverfahrens auf.

Belege, die für mehrere Jahre gelten (z. B. ärztliche Atteste, Verträge), sollten Sie entsprechend länger aufbewahren.

Zuwendungsbestätigungen (z. B. Spendenbelege) müssen Sie ab dem Jahr 2017 bis zum Ablauf eines Jahres nach Bekanntgabe des Steuerbescheids aufbewahren (§ 50 Abs. 8 der Einkommensteuer-Durchführungsverordnung).

Soweit Buchführungs- und Aufzeichnungspflichten (§§ 140, 141 der Abgabenordnung – AO –) bestehen, sind von Ihnen die Ordnungsvorschriften zur Aufbewahrung von Unterlagen (§ 147 AO) zu beachten.

Darüber hinaus besteht auch für Nichtunternehmer für die Dauer von zwei Jahren ab Rechnungserhalt die Pflicht zur Aufbewahrung von Rechnungen über an Sie von Unternehmen erbrachte Leistungen, die im Zusammenhang mit einem Grundstück stehen (§ 14b Abs. 1 Satz 5 des Umsatzsteuergesetzes).

Denkbar in diesem Zusammenhang sind Rechnungen über haushaltsnahe Dienstleistungen oder Handwerkerleistungen (§35a Abs. 2 und Abs. 3 des Einkommensteuergesetzes).

Die zweijährige Aufbewahrungsfrist beginnt mit dem Schluss des Kalenderjahres, in dem die Rechnung ausgestellt worden ist.

Ergänzende Angaben zur Steuererklärung

Das Finanzamt kann aufgrund automatisierter Abläufe nur Angaben berücksichtigen, die in den Formularfeldern der Steuererklärung eingetragen sind.

Soweit im Ausnahmefall für die Besteuerung erforderliche Angaben nicht in der Steuererklärung vorgenommen werden können, haben Sie ab dem Veranlagungszeitraum 2017 die Möglichkeit, eine Eintragung in dem neu eingeführten Feld „Ergänzende Angaben zur Steuererklärung“ (§§ 150 Abs. 7, 155 Abs. 4 AO: vgl. Zeile 98 des Hauptvordrucks ESt 1 A) anzubringen.

Elektronische Steuererklärung

ELSTER – die elektronische Steuererklärung – ist ein Verfahren, mit dem Sie Ihre Steuererklärung elektronisch und papierlos an Ihr Finanzamt übermitteln können.

Für eine papierlose Abgabe ist eine kostenlose und einmalige Registrierung unter „Mein ELSTER“ notwendig.

„Mein ELSTER“ ist ein personalisierter, barrierefreier und plattformunabhäniger Zugang zu den elektronischen Diensten der Steuerverwaltung.

Hierfür ist keine Programminstallation, sondern die einmalige und kostenlose Registrierung mit Ihrer persönlichen Identifikationsnummer erforderlich.

Durch den Belegabruf (vorausgefüllte Steuererklärung) können Sie die dem Finanzamt vorliegenden Daten gleich in Ihre Einkommensteuererklärung übernehmen.

Weitere Informationen hierzu erhalten Sie unter „Benutzergruppen“ / „Privatperson“.

Datenschutzhinweis

Informationen über die Verarbeitung personenbezogener Daten in der Steuerverwaltung und über Ihre Rechte nach der Datenschutz-Grundverordnung sowie über Ihre Ansprechpartner in Datenschutzfragen entnehmen Sie bitte dem allgemeinen Informationsschreiben der Finanzverwaltung.

Dieses Informationsschreiben finden Sie unter der Rubrik „Datenschutz“ oder erhalten Sie bei Ihrem Finanzamt.

XI. **Steuerbescheide:**

1. Schreiben des Finanzamts:[18]

B e s c h e i d

über

U m s a t z s t e u e r :

Festsetzung und Abrechnung

Art der Festsetzung

Der Bescheid ist nach § 172 Abs. 1 Satz 1 Nr. 2 AO geändert.

Festsetzung

Festgesetzt werden Umsatzsteuer

Abrechnung der Landesfinanzkasse (Stichtag: 30.03.2020)

Abzurechnen sind

Bereits getilgt

[18] 09.04.2020

Restguthaben

Das Guthaben wird erstattet

Besteuerungsgrundlagen

Berechnung der Umsatzsteuer

Steuerpflichtige Lieferungen, sonstige Leistungen und unentgeltliche Wertabgaben

Umsätze zum allgemeinen Steuersatz

Lieferungen und sonstige Leistungen zu 19 %

Unentgeltliche Wertabgaben für Lieferungen zu 19 %

Summer der steuerfreien und steuerpflichtigen Lieferungen, sonstigen Leistungen und unentgeltlichen Wertabgaben

Umsatzsteuer auf steuerpflichtige Lieferungen, sonstige Leistungen und unentgeltliche Wertabgaben

Bemessungsgrundlage €

Steuer €/Ct

Übertrag:

sonstige Leistungen und unentgeltliche Wertabgaben

Abziehbare Vorsteuer- und Kürzungsbeträge

Vorsteuerbeträge aus Rechnungen von anderen Unternehmern (§ 15 Abs. 1 Satz 1 Nr. 1 UStG)

Umsatzsteuer/Überschuss

Erläuterungen

Dieser Bescheid ändert den Bescheid vom 23.10.2019.

Der Festsetzung/Feststellung liegen die Ergebnisse der bei Ihnen durchgeführten Außenprüfung – siehe Prüfungsbericht vom 29.01.2020 – zugrunde.

Datenschutzhinweis:

Informationen über die Verarbeitung personenbezogener Daten in der Steuerverwaltung und über Ihre Rechte nach der Datenschutz-Grundverordnung sowie über Ihre Ansprechpartner in Datenschutzfragen entnehmen Sie bitte dem allgemeinen Informationsschreiben der Finanzverwaltung. Dieses Informationsschreiben finden Sie unter www.finanzamt (unter der Rubrik „Datenschutz“) oder erhalten Sie bei Ihrem Finanzamt.

Rechtsbehelfsbelehrung

Die Festsetzung der Umsatzsteuer kann mit dem Einspruch angefochten werden.

Der Einspruch ist bei dem vorbezeichneten Finanzamt oder bei der angegebenen Außenstelle schriftlich einzureichen, diesem/dieser elektronisch zu übermitteln oder dort zur Niederschrift zu erklären.

Ein Einspruch ist jedoch ausgeschlossen, soweit dieser Bescheid einen Verwaltungsakt ändert oder ersetzt, gegen den ein zulässiger Einspruch oder (nach einem zulässigen Einspruch) eine zulässige Klage, Revision oder Nichtzulassungsbeschwerde anhängig ist. In diesem Fall wird der neue Verwaltungsakt Gegenstand des Rechtsbehelfsverfahrens. Dies gilt auch, soweit sich ein angefochtener Vorauszahlungsbescheid durch die Jahressteuerfestsetzung erledigt.

Die Frist für die Einlegung eines Einspruchs beträgt einen Monat.

Sie beginnt mit Ablauf des Tages, an dem Ihnen dieser Bescheid bekannt gegeben worden ist. Bei Zusendung durch einfachen Brief gilt die Bekanntgabe mit dem dritten Tag nach Aufgabe zur Post als bewirkt, es sei denn, dass der Bescheid zu einem späteren Zeitpunkt zugegangen ist.

Zu Ihrer Information:

Wenn Sie beabsichtigen, einen Einspruch elektronisch einzulegen, wird empfohlen, den Einspruch über „Mein ELSTER“ (www.elster) oder jede andere Steuer-Software, die die Möglichkeit des elektronischen Einspruchs anbietet, zu übermitteln.

Weitere Informationen

Öffnungszeiten:

Mo+Di 8-16/Do 8-18

Mi+Fr 8-12

2. <u>Schreiben des Finanzamts:</u>[19]

B e s c h e i d

über

E i n k o m m e n s t e u e r,

Solidaritätszuschlag

und Kirchensteuer

F e s t s e t z u n g

<u>Art der Steuerfestsetzung</u>

Der Bescheid ist nach § 172 Abs. 1 Satz 1 Nr. 2 AO geändert.

Er ist nach § 165 Abs. 1 Satz 2 AO teilweise vorläufig.

Einkommensteuer

Solidaritätszuschlag

Kirchensteuer

Festgesetzt werden

[19] 09.04.2020

Ab Steuerabzug vom Lohn

Verbleibende Steuer

Abrechnung (Stichtag 30.03.2020)

Der Landesfinanzkasse

Bereits getilgt

Von der Landesfinanzkasse ausgezahlt

Mithin sind zu viel entrichtet

Das Guthaben wird erstattet auf das Konto mit der IBAN.

B e s t e u e r u n g s g r u n d l a g e n

Berechnung des zu versteuernden Einkommens

Einkünfte aus Gewerbebetrieb

Als Einzelunternehmer

Einkünfte

Einkünfte aus nichtselbständiger Arbeit

Bruttoarbeitslohn

Ab Freibeträge für Versorgungsbezüge

Werbungskosten zu Versorgungsbezügen

Werbungskosten

Aufwendungen für Arbeitsmittel

Einkünfte

Summe der Einkünfte

Summe der Einkünfte (Übertrag)

Ab Entlastungsbetrag für Alleinerziehende

Gesamtbetrag der Einkünfte

ab beschränkt abziehbare Sonderausgaben

Beiträge zur Krankenversicherung

- Steuerpflichtige Person
- Für die Kinder

Summe Krankenversicherungsbeiträge

Beiträge zur Pflegeversicherung

Summe der abziehbaren Vorsorgeaufwendungen

Unbeschränkt abziehbare Sonderausgaben

Gezahlte Kirchensteuer

Berufsausbildungskosten

Kinderbetreuungskosten

Summe der unbeschränkt abziehbaren Sonderausgaben

Außergewöhnliche Belastungen

-zumutbare Belastung

Überbelastungsbetrag

Einkommen

Ab Betrag nach § 46 Abs. 3 und 5 EStG

Freibeträge für Kinder für das am geborene Kind

Zu versteuerndes Einkommen

Berechnung der Steuer

Zu versteuern mit Progressionsvorbehalt nach dem Grundtarif

Mit 10,8371 %

Ab Ermäßigung für Handwerkerleistungen

Verbleiben

Dazu Kindergeld für das am geborene Kind

Festzusetzende Einkommensteuer

Berechnung des Solidaritätszuschlags

Zu versteuerndes Einkommen unter Berücksichtigung

Von Freibeträgen für 5 Kind(er) i. H. v.

Darauf entfallende Einkommensteuer,

die sich unter Berücksichtigung der Steuerermäßigungen ergibt

davon 5,5 % Solidaritätszuschlag

Berechnung der Kirchensteuer

Zu versteuerndes Einkommen unter Berücksichtigung

Von Freibeträgen für 5 Kind(er) i. H. v.

Darauf entfallende Einkommensteuer,

die sich unter Berücksichtigung der Steuerermäßigungen ergibt

Kirchensteuer: 9 %

Erläuterungen zur Festsetzung

Hinsichtlich der Änderung wird auf den Bericht der Umsatzsteuer-Sonderprüfung vom 29.01.2020 verwiesen.

Dieser Bescheid ändert den Bescheid vom 23.10.2019.

Hierdurch erledigt sich Ihr Einspruch/Antrag vom 31.10.2019.

Kinderbetreuungskosten können im Rahmen der gesetzlichen Höchstbeträge nur mit 2/3 der Aufwendungen, höchstens mit € je Kind und Kalenderjahr berücksichtigt werden.

Es wurden Kinderbetreuungskosten als Sonderausgaben abgezogen. Knüpfen außersteuerliche Rechtsnormen (z. B. BAföG) an bestimmte definierte Begriffe an (z. B. „Einkünfte“, „Summe der Einkünfte“ und „Gesamtbetrag der Einkünfte“), sind die entsprechenden Werte für diese Zwecke um die Kinderbetreuungskosten zu mindern.

Der Höchstbetrag für sonstige Vorsorgeaufwendungen wurde bereits durch die Berücksichtigung Ihrer Beiträge zur Krankenversicherung (Basisabsicherung) und zur gesetzlichen Pflegeversicherung ausgeschöpft; ein darüber hinausgehender Abzug der weiteren sonstigen Vorsorgeaufwendungen ist daher nicht möglich (Neuregelung durch das Bürgerentlastungsgesetzt Krankenversicherung vom 16.7.2009, Bundesgesetzblatt Teil I S. 1959).

Die Berechnung der zumutbaren Belastung erfolgte stufenweise entsprechend dem BFH-Urteil vom 19. Januar 2017 (VI R 75/14).

Für 1 Kind(er) wurde ein Freibetrag für Kinder gemäß § 32 Abs. 6 EStG berücksichtigt. Das entsprechende Kindergeld / der Anspruch auf Kindergeld bzw. vergleichbare Leistungen wurden – auch soweit lediglich ein zivilrechtlicher Ausgleichsanspruch bei der Bemessung der Unterhaltsverpflichtung nach § 1612b BGB besteht – insoweit bei der Ermittlung der festzusetzenden Einkommensteuer hinzugerechnet (§ 31 EStG). Bei der Ermittlung der Bemessungsgrundlage für den Solidaritätszuschlag und ggf. die Kirchensteuer sowie bei der Überprüfung der Einkommensgrenze für die Arbeitnehmer-Sparzulage (§ 51 a Abs. 2 EStG) wurde dagegen das Kindergeld / der Anspruch auf Kindergeld bzw. vergleichbare Leistungen nicht hinzugerechnet.

Für weitere Kinder wurde die gebotene steuerliche Freistellung des Existenzminimums durch den Anspruch auf Kindergeld bzw. vergleichbare Leistungen bewirkt. Die Berücksichtigung eines Freibetrags für Kinder bei der Berechnung des zu versteuernden Einkommens kommt insoweit nicht in Betracht. Bei der Ermittlung der Bemessungsgrundlage für den Solidaritätszuschlag und ggf. die Kirchensteuer sowie bei der Überprüfung der Einkommensgrenze für die Arbeitnehmer-Sparzulage (§ 51a Abs. 2 EStG) wurden die Freibeträge für Kinder jedoch einbezogen.

Fragen zur Festsetzung der Kirchensteuer / des besonderen Kirchengeldes können Sie – sofern Sie Ihren Wohnsitz in der entsprechenden Kirche haben – unter der Telefon-Nr. 0800 an die Gemeinsame Kirchensteuerstelle richten.

Leistungen nach § 32b Abs. 1 Nr. 1 EStG (z. B. Lohnersatzleistungen) wurden in die Berechnung des Steuersatzes einbezogen (Progressionsvorbehalt, § 32b EStG).

Bitte bewahren Sie diesen Bescheid auf. Er dient auch als Einkommensnachweis zur Vorlage bei anderen Behörden (z. B. für Erziehungsgeld/Elterngeld, Leistungen nach dem BAföG).

Die Festsetzung der Einkommensteuer ist gem. § 165. Abs. 1 Satz 2 Nr. 3 AO vorläufig hinsichtlich

- Der Höhe der kindbezogenen Freibeträge nach § 32 Abs. 6 Sätze 1 und 2 EStG
- Des Abzugs einer zumutbaren Belastung (§ 33 Absatz 2 EStG) bei der Berücksichtigung von Aufwendungen für Krankheit oder Pflege als außergewöhnliche Belastung
- Der Abziehbarkeit der Aufwendungen für eine Berufsausbildung oder ein Studium als Werbungskosten oder Betriebsausgaben (§ 4 Absatz 9, § 9 Absatz 6 EStG)

Die Festsetzung der Kirchensteuer ist gem. § 165. Abs. 1 Satz 2 Nr. 3 AO vorläufig hinsichtlich

- Der Höhe der kindbezogenen Freibeträge nach § 32 Abs. 6 Sätze 1 und 2 EStG

Die Festsetzung des Solidaritätszuschlags ist gem. § 165. Abs. 1 Satz 2 Nr. 3 AO vorläufig hinsichtlich

- Der Verfassungsmäßigkeit des Solidaritätszuschlaggesetzes 1995
- Der Höhe der kindbezogenen Freibeträge nach § 32 Abs. 6 Sätze 1 und 2 EStG

Die Vorläufigkeitserklärung erfasst sowohl die Frage, ob die angeführten gesetzlichen Vorschriften mit höherrangigem Recht vereinbar sind, als auch den Fall, dass das Bundesverfassungsgericht oder der Bundesfinanzhof die streitige verfassungsrechtliche Frage durch verfassungskonforme Auslegung der angeführten gesetzlichen Vorschriften entscheidet (BFH-Urteil vom 30. September 2010 – III R 39/08 -, BStBl 2011 II S. 11). Die Vorläufigkeitserklärung erfolgt lediglich aus verfahrenstechnischen Gründen. Sie ist nicht dahin zu verstehen, dass die im Vorläufigkeitsvermerk angeführten gesetzlichen Vorschriften als verfassungswidrig oder als gegen Unionsrecht verstoßend angesehen werden. Soweit die Vorläufigkeitserklärung die Frage der Verfassungsmäßigkeit einer Norm betrifft, ist sie außerdem nicht dahingehend zu verstehen, dass die Finanzverwaltung es für möglich hält, das Bundesverfassungsgericht oder der Bundesfinanzhof könne die im Vorläufigkeitsvermerk angeführte Rechtsnorm gegen ihren Wortlaut auslegen.

Sollte aufgrund einer diesbezüglichen Entscheidung des Gerichtshofs der Europäischen Union, des Bundesverfassungsgerichts oder des Bundesfinanzhofs diese Steuerfestsetzung aufzugeben oder zu ändern sein, wird die Aufhebung oder Änderung von Amts wegen vorgenommen; ein Einspruch ist daher insoweit nicht erforderlich.

Rechtsbehelfsbelehrung

Die Festsetzung der Einkommensteuer und des Solidaritätszuschlags kann mit dem Einspruch angefochten werden.

Gegen die Kirchensteuerfestsetzung und die Festsetzung der Kirchensteuer-Vorauszahlungen ist der Widerspruch gegeben.

Der Einspruch ist bei dem vorbezeichneten Finanzamt oder bei der angegebenen Außenstelle schriftlich einzureichen, diesem/dieser elektronisch zu übermitteln oder dort zur Niederschrift zu erklären.

Der Widerspruch ist bei dem vorbezeichneten Finanzamt oder bei der angegebenen Außenstelle schriftlich einzureichen oder zur Niederschrift zu erklären.

Die Kirchensteuerfestsetzung kann nicht mit der Begründung angefochten werden, dass die zugrunde gelegte Einkommensteuer unzutreffend sei. Dieser Einwand kann nur gegen die Festsetzung der Einkommensteuer geltend gemacht werden.

Zur Einlegung des Widerspruchs ist derjenige befugt, gegen den sich die Kirchensteuerfestsetzung (Festsetzung der Kirchensteuer-Vorauszahlungen) richtet.

Ein Einspruch ist jedoch ausgeschlossen, soweit dieser Bescheid einen Verwaltungsakt ändert oder ersetzt, gegen den ein zulässiger Einspruch oder (nach einem zulässigen Einspruch) eine zulässige Klage, Revision oder Nichtzulassungsbeschwerde anhängig ist. In diesem Fall wird der neue Verwaltungsakt Gegenstand des Rechtsbehelfsverfahrens. Dies gilt auch, soweit sich ein angefochtener Vorauszahlungsbescheid durch die Jahressteuerfestsetzung erledigt.

Die Frist für die Einlegung eines Einspruchs beträgt einen Monat. Sie beginnt mit Ablauf des Tages, an dem Ihnen dieser Bescheid bekannt gegeben worden ist. Bei Zusendung durch einfachen Brief gilt die Bekanntgabe mit dem dritten Tag nach Aufgabe zur Post als bewirkt, es sei denn, dass der Bescheid zu einem späteren Zeitpunkt zugegangen ist.

Hinweis: Entscheidungen in einem Grundlagenbescheid (z. B. Feststellungsbescheid) können nur durch Anfechtung des Grundlagenbescheids, nicht auch durch Anfechtung eines davon abhängigen weiteren Bescheids (Folgebescheid) angegriffen werden. Wird ein Grundlagenbescheid berichtigt, geändert oder aufgehoben (z. B. aufgrund eines eingelegten Einspruchs), so werden die davon abhängigen Bescheide von Amts wegen geändert oder aufgehoben.

Zu Ihrer Information: Wenn Sie beabsichtigen, einen Einspruch elektronisch einzulegen, wird empfohlen, den Einspruch über „Mein ELSTER" (www.elster) oder jede andere Steuer-Software, die die Möglichkeit des elektronischen Einspruchs anbietet, zu übermitteln.

Datenschutzhinweis

Informationen über die Verarbeitung personenbezogener Daten in der Steuerverwaltung und über Ihre Rechte nach der Datenschutz-Grundverordnung sowie über Ihre Ansprechpartner in Datenschutzfragen entnehmen Sie bitte dem allgemeinen Informationsschreiben der Finanzverwaltung. Dieses Informationsschreiben finden Sie unter www.finanzamt (unter der Rubrik „Datenschutz") oder erhalten Sie bei Ihrem Finanzamt.

Printed by Books on Demand GmbH, Norderstedt / Germany